MW01172313

Made in the USA
Middletown, DE
05 October 2023

40295653R00084